권옥희 시집

그리움의 저 편에서

마을

빛나는 시정신을 꼼꼼하게 엮어내는 — 마음

- 경북 안동 임동 출생
- 92년 『시대문학』(현 문학시대) 봄호로 등단
- 한국시인협회, 문학의 집·서울 회원
- 문학시대동인회 회원
- 2004년 강서문학 본상 수상
- 2017년 강서문학 대상 수상
- 시집: 『마흔에 멎은 강』 『그리움의 저 편에서』
- 독서논술 지도자

그리움의 저 편에서

권옥희 시집

1판 1쇄 인쇄/ 2018년 1월 25일
1판 1쇄 발행/ 2018년 1월 30일

지은이 / 권 옥 희
펴낸이 / 성 춘 복
펴낸곳 / 도서출판 마음

등록‖1993년 5월 15일 제3001-1993-151호
주소 03073 서울 종로구 성균관5길 39-16
전화‖(02) 765-5663, 010-4265-5663

값 12,000 원

*잘못된 책은 바꿔 드립니다.

ISBN 978- 89- 8387-299- 9   03810

푸른 시와 시인

그리움의 저 편에서

권옥희 시집

마을

시인의 말

너무 힘들게 살지 마라
너무 아프게 살지 마라
내게 건 주문대로
나는 괜찮게 살았다
행운목에 꽃 피고
꽃향기가 집안에 그득했다
그렇게 오래도록 나를 품고
괜찮아, 괜찮아 함께 주문 걸던
바람이 잦아들었다
어둠에 둥둥 뜬
노란 달무리를 퍼올리며
시가 써졌다
접었던 가슴을 펴고
네게로 간다.

2018년 새해에

권옥희

· 시인의 말 — · 저자

1.

아득해지는 별 — · 12
바다가 울다 — · 14
자귀나무 꽃 — · 15
노랑망태버섯 — · 16
다행이다 — · 18
바늘로 콕 찌르면 — · 20
꽃에게 — · 22
거미란 놈이 — · 23
따스한 골목길 — · 24
바람의 섬 — · 26
빨간 사과 — · 28
꿈꿀 곳이 필요해 — · 30
고요한 섬 — · 32
혼밥시대 — · 34
동백꽃 필 때면 — · 35
동강, 깊고 푸른 물을 거슬러 — · 36

2.

그 날 — · 40
누군들 꽃이 되고 싶지 않으랴 — · 42
그리운 여수 — · 44
친구야 — · 46
고향 가는 길 — · 48
그리움의 저 편 — · 50
그 여름날의 초상(肖像) — · 52
그 바다 — · 54
넘어져 아플까봐 — · 55
아버지가 떠났다 — · 56
접시꽃이 피었다 — · 58
주문진항 — · 59
슬픈 봄날 — · 60
오래된 의자 — · 61
서울에서 별을 보다 — · 62
지는 건 슬프다 — · 64

3.

그립게 살아온 날이 그리워 —·68
눈길에서 —·70
떠나보낸다 —·72
남겨진 밥그릇 —·74
나는 물이 되고 싶다 —·76
숲의 방 —·78
그리운 사랑 —·80
튀 밥 —·82
여름 숲 —·83
불혹의 나이엔 경계가 없다 —·84
소나기 —·86
비의 온도 —·88
왜 자꾸 눈물이 고일까 —·90
꽃잎 속의 나비·1 —·91
초저녁별에서 샛별에게로 —·92
비슬산 진달래 —·94

4.

등대는 환하다 ― · 96
첫 눈 ― · 97
이별 닿는 그곳 ― · 98
물 집 ― · 100
블루하와이 ― · 101
나도 유리문을 달고 싶다 ― · 102
나무의 여유 ― · 104
별똥별 ― · 106
가을 소나기 ― · 108
닻 ― · 110
사랑나무 ― · 112
오늘 또 밤이 오리라 ― · 114
물거품에 관한 명상 ― · 116
산등성에 기대보면 ― · 117
깊은 슬픔 ― · 118
사선대에서 비를 맞다 ― · 120
실 연 ― · 121

5.

달을 먹다 ― · 124
맨땅을 걷는 동안은 ― · 125
하얀 목련 ― · 126
나 무 ― · 127
떠도는 환(幻) · 1 ― · 128
떠도는 환 · 2 ― · 130
떠도는 환 · 3 ― · 132
떠도는 환 · 4 ― · 134
떠도는 환 · 5 ― · 135
떠도는 환 · 6 ― · 137
떠도는 환 · 7 ― · 138
떠도는 환 · 8 ― · 140
떠드는 환 · 9 ― · 142
떠도는 환 · 10 ― · 144
세상 밖에서 오는 비 ― · 146
섬에 노을이 내리면 ― · 148
그 여자의 집 ― · 150

1.

하늘에 연분홍 깃털 날아올랐다
꽃길 하나 선명하다

아득해지는 별

어젯밤 별빛이 쏟아졌다
그것이 하늘 지붕이 뚫어진 탓이란 걸
남천계곡, 하늘 아래 별천지에서 보았다

잠자러 들어가는 방이 불빛을 거두자
환하게 반짝이며 내게 오는
어린 날 고향에서 보던
낯익은 그 별빛이었다
변함은 없었다

밤새도록 기억해낸 우주의 비밀번호
광년의 시간이 눈꺼풀 끌어올리는 찰나에서
뚫어진 하늘 지붕으로
잠자는 별들을 밀어 올리며
한 자나 더 높아진 소백산은
골마다 뿌연 운무를 터번처럼 둘렀다

간밤 별들이 발 담그며
우주를 풀어놓은 계곡물은
차다 못해 시리다

돌아가지 못한 별 하나가 걸려든 담쟁이덩굴에
거미줄은 더욱 단단하게 조여들고
돌아갈 길이 막막한 별은
새벽을 나서는 어머니를 따라 간다
오래 전에 쓸모없어진 우물 바닥만큼
별이 아득해진다.

바다가 울다

바다가 울 듯 민어 떼가 우는 임자도는 한여름이다. 진흙 바닥을 기며 울림통 크게 연 민어의 굵힌 울음소리가 짝을 찾아 섬마을까지 날아가고 귀청을 뜯기며 귀를 막은 어부는 밤이 하얗게 녹아든 잠을 긴 대롱에 꽂아 바다 깊숙이 찔러 넣었다. 달뜬 민어 울음소리 대롱 끝에 매달려 미세한 전율로 심장 끝에 닿으면 이윽고 그물이 내려진다. 가진 게 전부인 부레를 모질게 치고 뱃속 공기주머니 힘껏 부풀려 너를 부른 그것 또한 힘껏 치고 달뜬 밤 달뜬 울음소리도 애달프게 치면서 그물 속에 민어는 바다를 버렸다. 민어가 없는 임자도는 어느새 여름을 넘어갔다. 통 크게 울며 바다를 울게 하던 그 부레의 추억도 감감무소식이다.

자귀나무 꽃

비 그친 뒤 깃털 부챗살 살살 부치며
자귀나무 꽃이 농익었다
빗방울 묻힌 눈썹달 발그레하다
쫀득한 민어의 속살 같은
저 꽃살의 보들보들한 깃털 속에 묻힌
오늘 밤은 별도 화사하다

내가 사는 날까지 꽃은 핀다
해가 솟아오르며 자귀나무 꽃 더욱 요염하다
가던 바람도 붙들려 움찔움찔
성감대가 풀린다
하늘에 연분홍 깃털 날아올랐다
꽃길 하나 선명하다.

노랑망태버섯

새벽안개를 헤치고 동이 튼다
양수가 터지고 이틀간의 진통이었다
곱게 솟아올라 세상을 보는 일은
어김없이 고통을 가져 온다

작년 그 자리, 지나온 길이 훤히 보였다
새가 날아오르던 건너편 나무
푸덕거리며 날려 오던 바람 냄새
잘 숙성된 기억은 향기가 오래 간다

노란 망사그물이 치마처럼 활짝 펴졌다
사뿐사뿐 낯선 숲으로의 첫 외출이다
아니, 노랑망태버섯의 일생이다
곱게 삶의 무늬를 새기기도 전 하늘길이 뚫리며
키 큰 나무가 받쳐준 햇살이 찬란하다

화려한 생애의 꿈처럼 둘렀던
노란 망사그물이 녹아내리며
가슴에 가둔 바다가 새나간다
옹이진 시간을 벗어놓고 가는
노랑망태버섯 짧은 일생이
푸른 숲의 그늘에 지워진다

화려했던 순간은 어디에도 없다
누구도 증명하지 않는다
무슨 일 있었냐는 듯 나무는 여전히
푸른 바람 살랑살랑 일구고 있다.

다행이다

설탕 두 스푼은 결코 달달하지 않다
그 무게는 25그램
자유로운 영혼의 무게도 25그램
내 손바닥의 감각으로 가늠할 수 없는
내 눈에 낯설은 북방사막딱새

날아야 산다고, 허공의 한 점으로
3만 킬로미터를 이동하는 동안 휘저었던
수억만 번의 날갯짓을 따라가는 바람은 버겁지 않았을까
구름을 밀어낸 빗방울은 얼마나 날개를 짓눌렀을까
큰 새들은 스스로 갈 길을 터 주었을까
지구가 지금보다 컸다면
또 얼마나 더 날아야 했을까

"엄마, 나는 법을 가르쳐 주었어야죠."
나는 법을 가르쳐 주지 않아도

단단한 독수리 깃털 한 개가 부럽지 않다
본능으로 날아야 하는 세상 끝까지
비행시간 지구 한 바퀴다
게으를 틈 없이 열심히 사는 새는
주저앉지 않는다, 꿈도 잃지 않는다

북방사막딱새가 지구 한 바퀴를 도는 동안
나는 몇 번 웃고 몇 번 울었을까
죽지 않으려면 날아야 하는 새
살 길이 그 길 뿐인 작은 새
편안하고 풍요로운 아침의 시작은
그냥 얻어지는 게 아니었다
지구가 지금 크기인 게
얼마나 다행인가.

바늘로 콕 찌르면

어디가 경계인가?
분명 데칼코마니다
세상이 온통 푸르고 파랗다
유리에 달라붙은 꽃도 닮았다
지난여름 구멍 난 곳을 꿰매고
바늘로 콕 찌르면
잉크방울 쪼르르 흘러
무엇이든 푸름에 잠길 것 같다

빛이 내린다
그늘진 꽃잎 위에
녹색등이 켜진다
나무 밑에 전세 든 풀 한 포기
하늘에 달세 든 뭉게구름
그리움 터진 곳을 꿰매고
바늘로 콕 찌르면

잉크방울 쪼르르 흘러
무엇이든 푸름을 뚫고 나갈 것 같다

먼 불빛도 아득한 가을
너에게 빛을 주기 위해
나는 어두워도 좋았다.

꽃에게

예쁘다!
꽃이라는 이름을 단건 무조건 예쁘다
그 이름 몰라도 낯설지 않은 꽃
치열하게 터를 넓히는 나무들이
주름마저 다림질하여 펼쳐 놓은 자리
꽃으로 허락된 땅에서
하늘을 건너온 시간만큼 굳세게 꽃으로 살거라
등뼈 어디쯤에서부터 기지개켜며
햇살도 안고 빗방울도 안고 불빛도 안아가면서
함께 놀고 싶은 것 죄다 불러들여 신명나게 놀거라
슬그머니 손 내밀며 파란 하늘이 낮게 내려오거든
살갗도 뽀송하게 바람이 1도쯤의 체온을 빼앗아 가거든
소리 없이 별을 베고 무덤도 없이 조용히 가거라.

거미란 놈이

둥그런 달무리가 하늘을 가득 채웠다
때가 된 듯 거미란 놈이 슬슬 기어 나온다
꽁무니 치켜들며 그 녀석 행동이 수상하다

밥 먹고 하기 쉬운 일이 그 일인 듯
거미줄 쓱쓱 뽑아 집 한 채 뚝딱 차리더니
감히 거미줄에 걸린 달님을 어쩌지 못하고
가슴을 있는 대로 늘려서
그 달님 품고 있는데

나방 한 마리 걸리지 않으면
달님은 오늘 밤 거미줄에서 풀려날 수 있을까
아니면 기다리다 지친 거미가
자기가 뽑은 거미줄로 하늘을 날아
달님을 잡아먹으러 갈까

토란대 밑의 어둠 같은 밤
쉿, 누구도 말 걸지 마라.

따스한 골목길

그곳에서 아이들은 뛰어놀았고
엄마들의 수다는 뜬구름처럼 떠다녔다
아이들 과자값인 부업일 나눠하며
참기름 고소하게 겉절이라도 버무리면
양푼 가득 밥 비벼서
모두 둘러앉아 숟가락을 꽂았다

옛날에는 그런 골목길이 있었다
거무튀튀한 나무 전봇대가 불려나왔다
술래잡기, 무궁화 꽃이 피었습니다
다방구, 왕거미놀이도 불려나왔다
골목길 요리조리 잘도 피하고
전봇대 허리를 붙잡은 술래는 자꾸 외쳤다
못 찾겠다 꾀꼬리

선생님이 따로 없었다

아이들은 티 없이 맑았다
잘못하면 엄마의 꾸지람이 전부였다
당근도 채찍도 없었다
몸이 가벼운 그 아이들
따스한 골목길을 안고 나비가 되어 날았다

어느 날 골목길이 사라졌다
따스한 삶도 사라졌다
좋은 것은 왜 그냥 두지 못하는지
놓치는 게 많을수록
속 알맹이 없는 껍질은 단단해진다
벌집 같은 집, 목숨이 담보인 붉은 난간에서
갈 곳 없는 아이들이 곡예를 한다
따스한 골목이 그립다.

바람의 섬

애초에 바다였기에 바다로부터 바람이 온다
바람이 잘 모이는 곳에 바다가 있었다
애초에 바다가 사라지고
그 바다를 품어 흙이 된 땅
흙이 된 바다

세월 가도 희석되지 않는 소금기를 머금고 5월의 수섬*은 온통 은빛 세상, 삘기꽃 세상이다. 자유로운 영혼을 바람에 풀어놓고 흩날리는 삘기꽃. 샤라락 샤라락 여린 목이 흔들려도 제자리는 굳건하다. 수많은 시간이 흘러간 기억 저 편에 잊혀져도 괜찮을 것을. 굴·조개·따개비 따위의 흔적들, 잊기 쉽지 않은 바다의 것들

내가 지나온 길에도 사람냄새 남아 있을까
썰물이 오고, 밀물이 가고
출렁이던 바다가 말라버린 자리에 삘기가 채워지고

지워진 길에 하얗게 삘기꽃 피고
다시 새 길이 길게 뻗어 있다

벌써 많은 것들이 지나갔나 보다
바람이 지나가고
노을도 머물다 가고
별빛도 달빛도 숨 막히게 지나간 모양이다
모든 게 지나간 수섬에 바다가 없다
삘기꽃 초원도 기억 저 편
애초에 바다로 아스라이 사라져 갔다.

*수섬: 화성시 송산면 독지리에 위치한 한국의 세렝게티라고 불리는 삘기(띠풀)의 군락지. 도시개발로 곧 사라지게 됨.

빨간 사과

빨간 사과가 꽃송이 같다
햇살은 그냥 단물을 주지 않고
바람은 그냥 사랑을 주지 않고
비는 그냥 목마름을 덮지 않았다

하루도 쉬운 날이 없었다
잘 발효된 향기로 빨갛게 익기까지
우박에 흠씬 두들겨 맞기도 하고
느닷없는 바람, 천둥번개에 놀라고
폭우에 흠뻑 젖은 채
혹여 안전선 밖으로 사라질까봐
죽자 사자 꼭지에 매달렸다

빨간 사과가 꽃송이 같다
저렇게 둥글어지기까지
바람에 몇 번이나 깎여나갔나

멈춘 시간에 기대
몇 번이나 등뼈를 대놓고
뒤집기를 시도했나

세상에 그냥은 없다
저무는 바다 뒤에 기댄 해가
내일의 그물을 내려
당차게 가을을 끌어올리듯
한 알의 열매가
색깔도 또렷한 세상을 구하는 건
어느새 보이지 않는 법칙이 되었다.

꿈꿀 곳이 필요해

피리 부는 사나이가
아이들을 데리고 산으로 들어갔다
놀이터가 텅 비었다
사람 사는 동네가 텅 비었다
어디든 뛰어놀던 아이들이 없다
재잘거리던 참새 떼가 없다

옛날 얘기를 긁으며
유머 차에 아이를 태운 엄마가
늦은 아침 수다를 떤다
스트레스가 녹아나간다

오리는 아이들을 좋아했다
연못 난간에 오른 아이는 신이 났다
숙제도 잊고, 공부도 잊었다
팔뚝만한 잉어가 등에 타라고 손짓한다
아이는 고래 등을 타고 바다를 누볐다

아이들 입에 아이스크림이 물렸다
아이스크림 하나에 온 세상이 고요하다
바깥은 시끄러운데
조용해진 동네가 달콤해진다

엄마랑 아이는 쉴 곳이 필요하다
연못이 필요하고
아이스크림이 필요하다
달달하게 꿈꿀 곳이 필요하다.

고요한 섬

그냥 서 있기만 해도 좋았다
물드는 중이라고
바람 없어도 흔들리고 싶은 은행나무길
새소리 바람소리 다 거두어서
마음 가는 대로 풀어 놓던 메타쉐콰이어길

밤이면 잠든다
배는 오지 않았고
첫 단추가 어긋났던
첫 마음도 잠든다

달그림자를 밟은 가을이
창가에 걸렸다가
구름이 실어가고
별이 실어갔다

어디서 흘러온 안개인지
모든 게 잠긴다
남이섬이 고요하다.

혼밥시대

바람 분다
밥 먹다 말고 시린 어깨를 감싼다
뽁뽁이로 꽁꽁 싸맨 틈으로
모질게 들어오는 바람
빌어먹을 외로움의 조각들이
밥알처럼 씹힌다
혼자 먹는 밥
어쩔 수 없이 밥숟가락에 얹히는
쓸쓸함까지 꼭꼭 씹어 먹었다.

동백꽃 필 때면

눈발은 그리움을 추스르지 못해

아득히 날려 오고

수천, 수만 송이 눈꽃 피네

그 바람에 흔들려 눈물 나는

동백꽃 필 때면

그대여, 한 번 불러보고 싶네.

동강, 깊고 푸른 물을 거슬러

그 뒷 소식이 궁금하여 다시 오는 길은 눈에 넣어도 아프지 않다. 시퍼런 강물이 길 사이에서 무시로 힘을 당긴다. 가만히 있어도 끌려가는 질퍽한 삶으로 푹푹 빠지는 발을 뽑을 때마다 물살들은 산뜻하게 단장된 내일을 꿈꾼다. 첫 정을 못 잊은 몇 마리 새가 물을 차며 날아가고 물 냄새가 뒤를 쫓다 돌아선다. 그 사이, 3일간의 혼수상태에서 어머닌 또 한 번의 고비를 넘겼다. 죽음의 경계선을 넘나들며 모난 것 없이 둥글둥글 궁굴려진 돌들이 스스로를 물어뜯던 강물의 역사를 거슬러 올라간다. 역경의 시대를 이겨낸 물의 팔뚝마다 불끈 솟은 핏줄이 선연하다. 섣불리 댐 개발을 부르짖던 사람들의 무지가, 물에 잠긴 내 고향의 한 서린 울음이 곳곳마다 화석처럼 엉겨 있다. 그렇듯 이미 망가진 것들은 소리가 없다. 김 샌 의지처럼 짐 되고 미안할까봐 소리 없이 주저앉는다.

동강, 깊고 푸른 물을 거슬러
산뜻하게 마무리된 고통의 시대
다시 살아 돌아가는 물줄기가 빙글빙글
길 사이에서 힘을 끌어당긴다
물의 뜻은 참말이지 고귀하다.

2.

오늘 하루도 다 못 건너갈 세상
나비, 나비, 나비들
나보다 먼저 꽃이 되고 싶었던 너였구나

그 날

그날 함박눈 내렸다

잊고 지낸 시간이 너무 길어서

가슴마저 식었나 더듬어 보았다

아, 다 잊었다고

기억도 안 난다고

차가운 가슴에서

내 가슴으로 들어오는

겨울 눈물이 차갑다

바람 불어 더 차갑다

그날 햇살은 종일 외출 중이었다

가족사진 곁에 있던 조명등도 켜지지 않았다

그대가 왔으면 하는 바람을 안고

애꿎은 포트만 들끓어댔다

그날 내린 함박눈

오래도록 차가웠다.

누군들 꽃이 되고 싶지 않으랴

하얗게 비우는 폭포수처럼 흘러흘러 들어가면
마음이 동해서 곁을 내어준
점봉산 곰배령을 만난다

내 몸을 휘감아드는 초록바람
그 바람에 얹혀오는 풀냄새
조곤조곤 웃고 있는 들꽃들
산이 펼치는 푸른 세계에 묻혀
산이 내어준 심장 속으로 느릿느릿 걸어가면
하나도 이름 없는 것이 없는 들꽃들이
바람과 안개와 비를 뭉개며
하늘 문을 열고 닫는 꽃밭을 만난다

하늘과 땅, 경계 없는 이 꽃밭에
누군들 꽃이 되고 싶지 않으랴
누군들 이 꽃밭에 죽고 싶지 않으랴

오늘 하루도 다 못 건너갈 세상
나비, 나비, 나비들
나보다 먼저 꽃이 되고 싶었던
너였구나.

그리운 여수

젖어도 꺼지지 않는 불길이
가을단풍임을 실감하며
빗줄기의 속도를 따라
남쪽으로 남쪽으로 달려간 그곳
그리운 여수

휑하니 사라진 하늘과
묵은 잡지의 한 페이지 같은
바다 틈 사이로
그리움을 갈라내듯 물결을 가르는
유람선상에서

나는 비가 내리는 이 바다의 한 귀퉁이에
정물화처럼 걸렸다가
해상 케이블카를 타고
시공간에 떠서

시간을 타고 떠내려간
우주를 생각했다

늘 리필 되는 일상이
그리 새로운 게 없듯
가슴을 관통한 빗줄기가
하루 종일 내 아픔을 훑고 간 여수바다
욱신욱신 쑤셔오는 상처를 소금기에 비벼대며
궤도 이탈된 별이 되어
나는 지금 어디로 옮겨가는 중일까.

친구야

우리의 떠남은
만남보다 먼저 준비되어 있었다
그래서 잔뜩 웅크린 고향 하늘을
품에 안고 가는 길은
비 오기 전의 정적처럼 늘 가슴이 먹먹했다

만만한 것 하나 없는 세상
서로 다른 곳을 보고 살아도
오래된 그리움을 뭉텅뭉텅 잘라
베개 밑으로 숨기며
옹이처럼 단단해져가는 그 먼 날들을
나는 욱신거리는 통증으로 안고 살았다

또 보자는 희망이 무거운 어깨에 얹어지고
잘 가라, 그래 잘 가라
애잔한 눈빛으로 발목을 잡아끄는

너의 안부를 못 잊은 듯 삼키면
내 가슴 여러 갈래에 너를 보낸 길이 나고

너무 많은 추억들이 바퀴자국 몇 개로
너를 따라가는 동안
나는 입이 얼얼하도록
친구야, 친구야! 부르고 있었다.

고향 가는 길

결코 뿌리는 쳐내지 않았습니다
한 나무의 닮은 잎처럼 모두
한마음으로 고향에 갑니다

물에 잠겨 볼 수 없는 집이며
빨간 발로 뛰던 골목이며
맡을 수 없는 흙냄새지만
마음 안에는 언제나 그대로
우리를 머물게 합니다

그래서 고향에 갈 때면
그리움이 먼저 따라 붙습니다
이 세상 마지막 사랑은
고향이기를 기대하는 우리는
그 그리움 하나에 붙들려서
없는 고향도 목이 메어 찾아갑니다

솟는 눈물을 감추며
우리의 영원한 길
내 어린 날의 마을을 찾아
이렇듯 절절한 마음으로 갑니다
봄날, 송이송이 핀 하얀 목련의
등 따순 돛단배를 타고 갑니다.

그리움의 저 편

열한 살의 내 꿈이 꽁꽁 묶여 있었죠. 나이 들어도 돌아가고 싶었죠. 오르막이 그치는 동구 밖 어디쯤 고단한 신발을 털며 아버지와 나란히 저녁별을 안고 집으로 가던 그곳, 내 고향이죠

오늘도 가슴 밑바닥에 청보리 물결처럼 이는 그리움을 마구 돌려대며 깨복쟁이 동무들과의 무성영화 한 편이 내 가슴을 훅 때리고 지나가는 진동을 느꼈지요. 매일 똑같이 나를 살아가게 하고 나를 쓸쓸하게 했던 고향이죠. 온 봄을 노랗게 몸살 일으켰던 고향이죠

물속 깊이 잠긴 그리움의 저 편에서 햇살에 반짝이던 그때 부풀린 꿈은 안녕할까요. 징검다리 건너 빵떡 할매 오시는 날, 엄마 치마꼬리 잡고 졸라 사탕가루 솔솔 뿌린 빵떡 한 개의 입맛은 지금도 변함없는 그리움이죠. 쌀보다 보리가 더 많은 고봉밥으로 든든해진 배를 쓸며 멍석에

누워 있으면 은하수를 버려두고 나에게로 하염없이 쏟아지던 그 별들을 따라 나는 지금 어디에 와 있을까요

물속 고향을 걸어 들어가며 오늘도 나는 멍게처럼 돌기를 세워 물길을 헤집네요. 헌집 버리고 새집 지어 산다한들 떠난 사람은, 그리고 남은 사람은 아, 잃어버린 고향

그리움은 세월 지날수록 참 아프고 독하네요.

그 여름날의 초상(肖像)

폭우가 쏟아지는 날은 온 가족이 바빴다
삽을 맨 아버지는 논 밭둑을 점검하러 가고
엄마는 말리던 빨간 고추를 거둬들이기 바쁘고
나는 애써 베어 놓은 소꼴을 헛간으로 들여놓기 바빴다

다 부숴버릴 것처럼 양철지붕을 두들기며
요란한 빗줄기가 세상을 때리고
잔뜩 움츠린 가슴으로 놀란 눈을 한 누렁이처럼
마루 끝에 걸터앉아 있을 때

박자를 맞추며 추녀 끝에 떨어지는 빗방울들이
죽기 살기로 마당의 흙을 파댈 즈음
갑자기 마당으로 떨어져 펄떡이는 미꾸라지들
집 앞 도랑이 좁다고
빗줄기 따라 펄펄 날던 미꾸라지가
하늘길이 너무 멀어 마당에 떨어졌다

달구새끼 쫓아오기 전에 얼른
고무신에 담아 도랑에 다시 놓아 주며
폭우와 함께 나도 날았다.

그 바다

가끔은 그 바다로 달아나고 싶었다
꽃들이 세상을 다 비우기 전에
눈앞 아롱아롱한 그 바다에 가면
알싸하고도 찐득한
바다냄새를 가진 사내 하나
만날 줄 알았다

짭짤하면서도 찐득한
바다냄새를 풍기던 그 사내가
내 마음을 빠져나가지 못하고
계속 맴도는 바다

가난에 흠뻑 젖은 짠바람까지
사랑의 빗줄기로 묶이는
한번은 그 바다로 달려가고 싶었다
세상에 없는 듯 다 비워놓고
그 사내에게 달려가고 싶었다.

넘어져 아플까봐

더는 참지 못해 터뜨렸다
너도 나도 꽃잎 떨구는 것들은
생목으로 삶을 긁으며 죄다 울었다
떠나는 이의 가슴이 너무 아플까봐
빗줄기로 덮으면 완벽한 이별이 될까봐
사랑했던 추억은 하늘을 낮춰 아프게 울었다

펄펄 끓던 가슴도 다 식어버린 그리움이 절절했다
내 등을 잡고 있는 빗줄기가 너무 차다
수북한 꽃잎길이 허방에 뜨고
넘어져 아플까봐
온종일 빗줄기가 내 발걸음을 누르고 있다
이별을 꾹꾹 누르고 있다.

아버지가 떠났다

청송, 아버지 나라에 별이 떴다
아버지 가슴에 커다란 혹 하나
오래 묵은 슬픔 하나 떴다

캄캄한 혹의 창
너무 멀어 속속들이 보지 못한 별의 창
나보다 작아진 아버지
그리움이 되어간다

식구들 다 버리고
살 길이 그 길밖에 없어서 아팠던 가슴
찬밥 같은 외로움을 눈물에 말아놓고
도려낼 수 없는 후회 한 덩이
끌어안은 채 죄인처럼 살던 아버지

밥 냄새 끊긴 혼자만의 집에서
아득한 이별을 부르는
아버지 가슴에 별이 진다
······

아버지 청춘처럼 푸르른 날
아버지가 떠났다
별 하나 끌어안고 하늘이 되셨다.

접시꽃이 피었다

장마가 가까웠다

색색으로 핀 접시꽃 꽃봉오리가 환하고
처음인 양 들고나는 벌들과 달콤하게 다져진 사랑

꽃잎은 나날이 부푼다

바람에 흔들리지 않으려는 꽃대궁
불끈불끈 서는 푸른 핏줄

사랑에 중독된 꽃잎들이
층층으로 고개를 치켜세워
빗줄기를 자른다

접시꽃에 앉을수록 묵직해지는 하늘
나비는 더 이상 오지 않겠다.

주문진항

눈 감고, 귀 막고
입 닫고 살아온 날이 저문다
비릿한 항구에 취한 팔뚝만한 돔이 바다를 버리고
눅눅한 주문진의 삶이 투명한 살 속으로 녹아든다

건들면 터질 듯한 굴곡 많은 뱃사람의 수레
덜커덩 덜커덩 바다로 굴러 간다
햇빛 없는 날은 공치는 날
노랗게 노랗게 몸을 태우다가
살길 막막한 근심들이 물귀신처럼 부글대며 차오를 때

빈 고기잡이배에 멍든 몸이 실려 오는
그 마음 가장자리에 바다를 묶어두고
고맙다는 인사도 없이
아, 고맙다는 인사도 없이
너도 나도 떠나간다.

슬픈 봄날

꽃구경도 못 갔는데
바람에 실린 빗방울의 무게를 못 견뎌
꽃들이 지고 있다
가엾은 봄이 지고 있다

머리 뽀글뽀글하게 지지고
꽃구경 가자던 우리 엄마
연분홍치마 휘날리는 꿈속에서
슬픈 봄날이 간다

"엄마, 또 꽃이 졌어요!"
차마 말할 수 없는 가슴에
먹먹한 눈물 꽃이 핀다.

오래된 의자

둘레가 반들반들하도록
참 많은 사람들의 엉덩이가
햇살의 부리처럼 쪼아댔다

엉덩이로 전해지던 세상의 무게
허리춤에 찔러 넣었던 귀 서러운 이야기들
네가 사는 숨 막히는 세상에
나도 삭지 않고 갇혀 사는 일이
얼마나 버겁고 힘든 일이었던지
뿔난 젖몸살처럼 바닥을 밀쳐내며
짠맛보다 더한 독을 품고
뾰족이 튀어나온 못 하나

쉴 자리를 찾으며
오래된 의자가 아프다
아니, 엉덩이가 아프다.

서울에서 별을 보다

헛것을 자주 보는 요즘
서울에서 별을 본다는 것은
깊이깊이 눌러둔 쓰라림이다

강을 건너온 바람들이
마른나무 둥치에서 '내일은 비'라는
헛것은 헛것인 채로 설레임보다 앞서 나가
전혀 새로울 것 없는 몽상 속에서 별을 본다
예정 없이 부수고 훑어내는 추억의 바지선을 따라
막장 같은 인생을 누비고 다니는 잿빛 우울의 정체
눈 시린 내 운명의 그 알 수 없는 정체를
비보다 짙은 눈물이 걷어내는 조화 속의 조화

그로 인한 별의 이마가 하얗게 드러나고
희망처럼 빛나는 몸체가 빠져나오고
어둠은 휘청거리다 한 발짝 물러서서
내 아버지 임종 직전보다 짙은 허무 속에 갇힌다

날마다 별은 새로워지길 원했으나
서울에서 별을 본다는 것은
갱년기의 홍조처럼 붉어지는
지울 수 없는 쓰라림이다.

지는 건 슬프다

지는 건 슬프다
하늘로 가는 꿈
굳은살 박힌 해가 낯설다

떠나간 사람들의
삭히지 못한 각혈이 흥건한 하늘
수많은 살점들을 뜯어내고
또 하나의 발자국이 서쪽으로 난다

그리움 적셔 흐르는 풀뿌리 밑으로
웃고 있어도 울고 있는 가슴
한 세상 다 했다고
뒤도 돌아보지 않은 채 그리운 이는
가벼운 깃털처럼 하늘로 가고
세상을 한번 뒤집을 짧은 순간
남아 있어 더 슬픈 사람들은
살아서 하늘로 가는 길이 막혔다

짧은 봄날, 해를 등진 수많은 어깨들이
돋지 않는 날개를 펄럭이며
밤마다 목을 맨다
하얀 목련이 서럽게 지고 있다.

3.

그립게 살아온 날이 더욱 그리워
달큰하고도 애절한 봄바다가 되었다

그립게 살아온 날이 그리워

바다가 불렀다
핏줄로 이어진 마음을 서해바다가 불렀다

늘 마음속에서 출렁이던 그 바다
형제의 핏줄만큼 질긴 뻘밭을 두고
바다가 한 발 물러나
왕산포에서 안섬까지 길을 내어준 서너 시간

내 키 몇 길을 건너 뛰어온 시간을 넘어
해송의 키 큰 그늘 막에서
아버지 어머니가 뿌려둔 씨앗처럼
여기저기 흩어져 쑥쑥 자라난
너는 고사리가 되고
나는 참취가 되고

바다에 뜬 해도 재워버릴 듯 우리는
아버지 어머니 떠난 자리를
흘러간 옛 노래로 채웠다
그리고 타닥타닥 타들어가는 황혼 불에
뜨겁게 벌어지는 바지락의 눈물 같은 사랑
서로의 가슴에 쏟아 부었다

그립게 살아온 날이 더욱 그리워
달큰하고도 애절한 봄바다가 되었다.

눈길에서

보기 싫은 게 많아서
끊어지지 않는 눈발로 덮어버린 길
몇 며칠 쿵쿵 뛰는 심장 속에서
몇 며칠 눈 속에 갇힌 길에서
속마음 들켜 넘어지지 않으려고
있는 대로 힘주어 걷는 발목이 시리다

빨갛게 귓불 파고드는 바람을
가난한 어깨에 걸치고
죽은 듯 서 있는 나무 아래
오지 않는 버스를 기다리며
나 혼자인 것처럼 동동거리는 밤

나뭇가지가 안고 있는 세상이 무거워
툭툭 떨어지는 눈덩이도
뭉쳤다 풀어지는 인연이라

발밑의 발자국으로 꾹꾹 눌러두지만
눈 속에 갇혀 사는 내내
들려오지 않는 너의 목소리

문득 소통의 길을 잃어버린 나는
내가 딛고 선 세계가 무서워
하루가 다 가도록 마음이 시리다.

떠나보낸다

코가 예민해져 있었다
수북이 핀 밤꽃, 그건 내 남자 냄새였다
그 들짐승 같은 냄새에 푹 빠져
봄 가는 줄 몰랐다
바람이 없는데도 허연 종아리가 자주 들켰다
햇빛이 먼저 품어줄 잘 생긴 새끼를 치고 싶었다

밤송이에 붙어 있던 내 뼈들이
일제히 속을 비워내기 시작했다
그 안에 소리 소문 없이 들어간 게 사랑이었구나
눈물 나게 떫은 사랑이었구나

밤나무 아래서
밤을 따며 정을 떼낸다
내 남자 냄새도 지운다
햇빛이 품어준 새끼들

어딜 가서든 잘 살라고
가을 기차를 태워 보낸다
네게로 보낸다.

남겨진 밥그릇

난생처음인 듯 임진강을 건너
민통선마을로 들어선다
가을에 빠진 하늘과 들판
편안하지만 고달픈 생 한가운데
엉거주춤 슬픔이 닿아 있다

철책을 사이에 두고 정지된 두 세계
평화의 깃발을 남과 북으로 흔들며
밥 짓는 하늘을 나는 새들에게
눈으로 읽고 보낸 사연들
한때는 사랑도 머물렀고
한때는 뜨신 밥상도 차려졌던 땅

목멘 눈물과 그리움을 안고
꿈에도 달려가고픈 북녘으로 눈을 둔 채
속절없이 핀 구절초꽃잎 위로
휘청휘청 마른 날개를 펴는 나비

마음 깃들일 것 없는 하늘 밑에서
북녘 산그늘이 깊어질수록
긴장도 깊어진 바람이 들숨으로 들어오며
배고프다, 배고프다
남겨진 밥그릇을 움켜잡는다.

나는 물이 되고 싶다

같으면서 다른 나는
물이 되고 싶다
같으면서 다른 너를 끌어들여
급경사 길을 오르는 신음소리 듣고 싶다

꼼짝없이 붙들려서
확실히 물이네…
확실히 물이네…
사랑을 확인하는 소리 듣고 싶다
빠져나가는 길도
화려하게 죽는 길도
비밀처럼 덮쳐버린
완전한 어둠의 그물망이 되고 싶다

간단히 새가 울고 난 뒤
나무가 자지러지고

나뭇잎이 맥없이 떨어진다
그렇게 평생의 빚을 갚듯
평생의 은혜를 갚듯
너를 물속에 편히 쉬게 하고 싶다

뜨겁다 못해
뜨겁다 못해
꽃 진 자리 박차고 나온
푸른 열매가 툭툭 떨어진다
때문에 나는 물이 되고 싶다

평생을 두고 사랑을 쏟듯
너를 은밀하고 깊숙한
내 자궁에 가두고 싶다.

숲의 방

숲의 방에는 누가 살까 궁금했더니
나무 지붕에 얹힌 낮달이 살고
얕은 흙무덤 속에 일개미들이 살고
가지마다 스쳐간 바람의 추억이 살고

향수보다 진한 나무들의 냄새와
내 발바닥에 묻은 땀 냄새
외따로 벗어둔 구두 한 짝을 공감한
숲과 내가 서로 기울어진 곳을 괴면서
잘 살았다고, 오늘 하루를 축복할 수는 없을까

숲의 방 밖에서는 사랑에 적응 못한 목숨들이
순간처럼 스러진다고 누군가 적고 있고
수많은 일들이 생겨나고 잊어진다고
또한 적고 있고
이별을 포기 못한 몇몇의 연애자들은

슬기롭게 그들의 아지트를 찾아
숲의 방을 찾아든다

어서 밤이 왔으면-
그늘을 생각하며 그늘을 꿈꾸는 나무
그들의 방
벗은 구두 한 짝과 나도
기울어진 나뭇결이 흔드는 데로 슬쩍
외진 곳의 한쪽을 괴고 싶네
그들의 방이 되고 싶네.

그리운 사랑

내 눈 속에 있네요

내 눈 속에서

죽도록 행복해야 한다며

탑을 쌓듯 애틋함을 쌓아가네요

가슴이 따뜻해서 보았네요

당신 눈물샘이 있는 자리

눈물 묻은 꿈마저 비워진 자리

그곳에서 생겨나고 그곳에서 키워진

그리운 사랑을 보고 말았네요

사랑하는 사람들

당신 손끝에서 얻은 힘으로

오늘을 여네요

어머니, 젖은 눈 속에서

우리가 사네요.

튀 밥

잘근잘근 뼈마디가 신경을 씹어가며
뜨겁게 몸살 앓아서도 아니고
울 엄마 눈물로 눌러둔 슬픔
다 안다고 터뜨린 것도 아니어서
먹어도 먹어도 배부르지 않던 튀밥
봄날 하루 볕에
약이 오를 대로 올라서
사방에 조팝꽃 펑펑 터진다
쌀밥 한 그릇에 목메어서
먹어도 먹어도 배고픈 봄이다.

여름 숲

언제나 축축이 젖은
여름 숲은
푸르른 청춘이다
그녀의 싱싱한 자궁이다

오늘도 그 숲에
새 한 마리 놀다 간다

오르가슴으로 흔들리는 나뭇가지마다
뚝
뚝
떨어지는 푸른 물!

불혹의 나이엔 경계가 없다

다시 가을이다
물빛의 계절이 하늘 말고는
더 가까울 게 없다는 듯
배꼽을 내놓고도 즐거움이 넘치는
젊음에겐 경계가 없다

연고가 필요 없는 죽음에 대하여
신세계의 한 모퉁이를 휘감아 도는
세상의 모든 허깨비에 대하여
박하사탕 같은 알싸함을 반항처럼 내뿜는
저 꽃잎들 알몸엔 경계가 없다

두어 번 비가 내렸다 그치고
뜬소문들이 이리저리 몰리고
빠르고 늦어지던 생리주기도
지금은 그런대로 넘어가는 무렵

긴 속눈썹에 짙은 마스카라를 칠하고
꽃잎보다 탐스런 몸매들이 어깨를 나란히 하는
우리가 일행이라는 사실이 전혀 부끄러울 게 없는
불혹의 나이엔 경계가 없다.

소나기

내 열린 공간으로 주렴을 치는
저 굵은 빗방울에 희석되는 건
오랜 갈증이 아니다
30여 도를 오르내리는 폭염의 뿌리를 잡고
견디고 견뎌가며 목숨을 내어주던
어머니의 잊어진 죽음이다

몇 번의 소나기가 삶의 무풍지대를 엄습해 오듯
한 삶을 태어나게 하고 또 거두어 가고
그러한 자리바꿈이 알게 모르게 일어서고 눕는다는 걸
오늘 빗방울은 낱낱이 잊어진 어머니를 떠올린다

그 기억 훑어 내린 자리마다
굵은 상처들이 손도장처럼 패이고
내가 사는 일이, 흠집 내지 않고 사는 일이
가뭄 끝에 말라가는 논바닥처럼 한 줄기 소나기를 기다려

제 가슴 갈라진 틈새를 표 안 나게 메꾸는 일임을
준비된 우산 없이 쏟아지는 소나기 속

내가 빗방울이 되고서야
젖은 하늘을 읽었다.

비의 온도

사랑이 많아 무어든 담아낼
하늘 밑 첫 동네는
비에도 온도가 있다
바람이 가꾼 꽃을 적시고
그리움이 키운 나무를 적시고
산의 심장을 더듬은 비의 온도가
하늘을 들여다본 내 심장에 머물 때
내가 그랬던가?

쓸쓸하다거나 -

외롭다거나 -

혹은 그립다고 -

꿈꾸는 일탈처럼 접어놓은 일들을

푸름 한 다발로 묶고
말없이 가슴만 덮는 빗줄기가 자꾸자꾸 길어진다
어쩜 내일은 물안개 내린 곰배령에
들꽃 한 송이 더 피겠다.

왜 자꾸 눈물이 고일까

기차를 타고

버스를 타고

돌산도 바닷가

나는 더 갈 곳이 없는 물새

날마다 비상을 접고

날마다 추락을 꿈꾸던

가벼운 종이새

살아 한 번도 앉지 못한 땅 끝에서

몸이 바다를 이룬 채

노을 지는

노을 지는

자기야, 왜 자꾸 눈물이 고이니.

꽃잎 속의 나비 · 1

흰 꽃잎에 얼룩이 졌다

다리가 예쁜 여자

눈부신 봄날 한때

모텔 문을 나서며

나비 한 마리 품고 갔다

첫사랑이었다.

초저녁별에서 샛별에게로

별똥별이 떨어진다
새 별로 태어나기까진 참 치열했을 자리다툼
노인과 나무가 나란히 앉아
그 길을 쫓고 있다

오래 살아갈 꿈은 애당초 없었건만
기적도 없이 해와 달이 드나드는 터널로
녹슬지 않고 무사통과하던 나이
한 나무의 뿌리를 이루고
한 나무의 둥치를 형성해 가는
과정도 지나고 절차도 다 밟은 손과 발이
잠 안 오는 밤의 문득
찾아올 죽음을 예감할 무렵

보호받지 못한 지붕 아래선 가끔씩
봄 감기가 들어 입맛 쓴 죽그릇을 비워내고

하여, 뼈대 지탱하기 힘든 초저녁별에서
다시 샛별에게로
새삼스러울 것도 없는 만삭의 나이만
힘없이 우주를 돌아오는
한 노인이,
한 나무가,
목숨의 저쪽을 보고 있다.

비슬산 진달래

온 산을 덮은 진달래꽃 능선에

환장한 사람들

새우잠 자던 등을 누이고

등신불이 되었다

여기 저기 세상과 소통하는

휴대전화 벨소리가

붉게 쏟아진다.

4.

사랑하는 것이 이처럼 서로의 접힌 꿈을 펴
낮은 자리에 편히 앉히는 일이구나

등대는 환하다

오늘도 집을 떠나는 밤배들을 위해

                        등대는 환하다

오늘도 물 밑을 떠도는 원혼들을 위해

                        등대는 환하다

오늘도 그대 외로운 꽃 바다가 되기 위해

                        등대는 환하다.

첫 눈

다시 해가 지네요
아름답습니다. 넉넉함 나눈 뒤의 빈손은

북풍은 앞질러 가도
내 목덜미는 따뜻합니다. 그대로 인해

문득 돌아보니 자선냄비
습관처럼 기다렸습니다. 그 길에서

첫눈 첫 눈 처엇 눈 첫… 눈

꽃 피듯 사랑이 솟는 길에서
여러 번 써 보았던 이름입니다. 그곳에서

아주 잠깐씩 마주친 그리움 사이로
끝내 밝히지 않았습니다. 내 진짜 이름은….

이별 닿는 그곳

이별 열차가 손을 흔들며 떠난 뒤 눈은 다 녹았다
종종걸음 치던 사람들의 구두소리도 여유로워졌다
시간은 이렇구나
발목까지 차올라서 너를 안고 뛰놀게 하던 함박눈이
한나절 햇볕에 거뭇거뭇 그림자가 돼버리다니
시간은 참 편리하구나

지금 어디쯤에서 고단한 몸을 누이고
한줄 눈물을 삼키며 아픈 이를 무는지
아직도 내 곁 어딘가에 네가 있을 것 같아
나는 너를 내 감은 눈 속에 묻고
끝 간 데 없이 이별을 끌고 가는
밤의 외측을 따라 돈다

수많은 불빛들이 반딧불처럼 날아다녀도
혼자 거둘 불빛이 너무 멀리 있듯이

마음 고쳐 샛강을 빠져나가는 물길처럼
사랑을 채워가려면
잠시 잊어주는 것도 좋겠지
너도 그렇겠지
너와 나 이별 닿는 그곳에서.

물 집

너무 힘들었구나

힘들다고 소리도 못 지르고

이 악물고 참았구나

한 꺼풀 얇은 막으로

세상을 가리고

응어리야,

너도 물이 되고 싶었구나.

블루하와이

블루하와이 칵테일 잔에 바다가 들어 있다
가을에 빠져들면 아무도 헤어날 수 없는데
누가 밤늦도록 반쯤 떨어진 꿈을 미끼삼아
흐린 내일을 낚고 있는지
가슴에 놓인 계단을 어질어질 오르며
귀볼 발개지는 밤

블루하와이 칵테일 잔에 바다가 다 빠져나갔다
카페 몽불랑의 네온불이 한 세상을 돌리고
입만 살은 물고기들은 방향을 잃은 채
혀도 다리도 자꾸 꼬여간다
어느 날 내 삶도 그렇게 꼬여갔다.

나도 유리문을 달고 싶다

너를 잠재우고
새벽 두 시의 눈길을 혼자 걷는다
이 몸서리칠 어둠 속의 환희
깨어 있는 것들의 소리 없음을
너의 꿈이라 여기며
나, 따뜻했음으로
꽃잎 같은 눈송이들의 반대편으로 녹아든다

얼마나 후련했을까
제 부피를 못 이겨
제 혈을 못 이겨
쏟아버린, 쏟아버린
아 아 아 아……………
입을 꼭 다문 하늘의 투명한 노출

나도 너를 위한 유리문을 달고 싶다
아무도 태어나지 않고
아무도 죽어가지 않은 눈길 위
하얀 유리문에 얹혀
너를 향해 어둠의 계단을 내려가는 눈사람

그렇게 종 한번 울리기보다 어려운
세상을 바꾸며
짐짓 깨끗한 척 눈의 세계로 들어가
너를 보는 유리문으로 거듭나고 싶다.

나무의 여유

햇빛이 잠깐 잠깐 머물다 가는
숲의 가장 낮은 데에
눈꼽쟁이 들꽃 무더기를 앉히고
이름을 잊어버린 꽃에게는
미안하고 부끄러워 그늘 한 줌 뿌려두고
아직도 그 꽃 이름 몰라 나무는
엉거주춤 하늘에 눈길 주네

내가 들어선 자리만큼 그들이 비켜서자
축소된 하늘이 들어오고
그것만이 전부인 양
죽을 듯 안고 살아온 내 욕망의 뿌리들
드디어 잠에 빠지네

새벽에 읽은 시처럼 뭉클한 나무의 여유와
이름을 잊어버린 들꽃 같은

나의 추운 가슴이 만나는 시점
사랑하는 것이 이처럼 서로의 접힌 꿈을 펴
낮은 자리에 편히 앉히는 일이구나.

별똥별

누가 말릴까, 순간의 저 평화
잠시 눈이 내리다 그치고
정류장과 가로수가 눈 밑으로 가라앉고
읽지조차 않은 간판들은
문 닫기 직전의 적막을 품고
초점 잃은 개들은 거리를 어슬렁거리고

먼지가 되어 날아가버린
그 별의 뒤 소식이 궁금하여
한 무리 집시들은 축제를 벌이고
서로 엉켜버린 길은 네거리에서 삿대질이고
필사적으로 움켜쥐었던 초록 연못엔
붉은 금이 그어지고
머리맡에 수북이 쌓인 생의 고지서가
금 바깥으로 밀려나고

우리를 쓰다듬고 지나갔을
그 이름을 지우려고
슬픔을 깨문 사람들은
남아 있는 생의 명부에 줄을 서서
-나 아직 살아 있음-
거듭 자신의 존재를 확인하고

이처럼 쓸쓸하고 아린 세상으로
초록 꿈을 버린 나는
무엇을 얻고자 했을까.

가을 소나기

예고도 없다
세상을 버리려는 아버지
마지막 숨 넘기기가
평생 살아온 날보다 더 힘들어
산소호흡기에 의지한 생이
헛헛하고 위태롭다

운명처럼 움켜쥐었던 새끼들의 웃음과 눈물
흙탕물이 튀듯
아버지 몸 안을 한바탕 소용돌이 친다
슬플 때는 슬픔에 허우적이라고
예고도 없이
가을 소나기 허망하게 쏟아지고
견디고 견뎌온 아버지 주먹 안의
한평생이 소리 없이 빠져 나간다

가뭄 든 흙냄새 훅- 끼치며
생의 간이역을 거쳐 온 푸릇한 것들이
빗방울을 안고 일어선다
외로운 한 생은 가고
빳빳하게 고개 쳐든 또 한 생은
아직도 세상은 진행 중이라 말한다.

닻

우리 모두의 가슴에 닻 하나씩 숨기며 산다
기쁨과 슬픔의 바다에 흔들리면서도 넘치지 않는 닻
가슴 깊은 곳에 엎디어 묵직한 하루를 누르고 있다

부서지는 모래 위를 개미들은 끝내 돌진한다
몰인정한 추위도 여전히 찾아온다
모닥불 주위로 몰려드는 시린 어깨에
새벽하늘이 내려앉고
하루를 일용할 삶은
아직도 어둔 과거에 붙들려 있다

볏을 세우듯 수탉은 목청을 돋우고
시간은 고속으로 줄달음친다
쉬어버린 목울대로 한낮이 엉켜들어도
군침 삼키는 안식의 기슭은 종내 바다 건너에서
모습조차 드러내지 않는다

채 익지 않은 밥술을 떠 넣으며
세상 돌부리에 목줄을 걸은 가난은
눈물겹도록 씁쓸하지만
그래도 우리가 사는 법은 희망이다
삶이 내게 꿈을 주지 않아도
슬픈 더듬이는 촉수를 내리지 않는다

하루 벌어 하루를 사는 독 오른 가슴에
흔들리면서도 넘치지 않는 나의 닻은
언제쯤 무거운 눈꺼풀 걷어 올리고
문 안에 들어가
한숨 잘 잔 아침을 맞을 것인가.

사랑나무

오래된 모과나무 속에 키를 훌쩍 넘긴
말채나무가 삽니다
서로 헤어지면 어쩌나 팔뚝 굵게 힘을 키우고
확대되는 초록의 떨림을 느낌으로 깨우면서
서로 빈 가슴 한 모퉁이를 차지했습니다

별꽃이 수없이 피다 진 자리처럼 하늘을 펼치고
겨드랑이 있는 대로 뻗어 마련한 꿈자리 속에서
나무도 삼삼한 사랑을 합니다

저 아래 사랑으로 이어지는 계단이 비에 젖고
쪼개지는 빗방울을 받아들이는 물관처럼
내 안에 네 기관이 관통하면서
몇 백 년 살아가는 일이
순간이었습니다

누가 뭐래도 닭살처럼 오글거리는 사랑은
오래된 습관이었습니다
속 비면 꺾일 목숨 안에 깊이 뿌리박아
이렇듯 서로를 지탱해 가는 것
즐겁게 하늘을 보며 고맙다
고맙다 등 두들겨 보는 것
나무도 뭉클한 사랑을 합니다.

오늘 또 밤이 오리라

나는 신병을 앓는다
밤마다 신을 맞는다
거부할 수 없는 밤의 신
그가 내게 던지는 사랑의 올가미

푸르른 안개를 배경으로
너무 뼈 아파서 깨어나지 못하는
사랑을 거기에 두고
밤마다 나는 열병을 앓는다

꽃처럼 내 몸이 피어 있던 자리
달빛이 내 몸을 꺾어간 자리
어둠이 사랑을 무섭게 충동질했던
바로 그 자리

뽀얀 햇살 한 자락
간밤의 헛것들을 덮는다
오늘밤 또 건망증후군처럼
그가 찾아오리라.

물거품에 관한 명상

너와 내가

뱀처럼 한데 엉켜 구불텅거릴 때

격정으로 부글대던 그 희열

너와 내가

일순간 사라졌던 그 무덤!

산등성에 기대보면

앞서 간 친구의 거친 숨을 잘게, 잘게 쪼개
다시 내 가슴 밑바닥으로 삼키며
순풍, 순풍 애 잘 낳는 친구의
펑퍼짐한 엉덩이 같은 산
그 부드러운 산등성에 기대보면
여태 안 보고 산 것들, 보인다

외면하지 않고 날 안아
더 크게 보여 주는 세상 저 편
골 깊은 그늘 막에 잠재웠던 새 눈 틔워
뽀얗게 올라오는 싹들마다
제각각의 이름으로 세상에 세우려고
봄 햇살은 그늘 막 하나 없이 높게 떠 있는 것을

곧 산꽃이 이 산을 덮어 꽃비에 눈 멀 것을
그리하여 바람의 시험에 들었다가
통행금지선을 뛰어넘은 푸름으로
미움도 원망도 털어줄 것을.

깊은 슬픔

천지를 태울 듯 가을산은
뒤늦게 인생이 꽃피었다
아니, 깊은 슬픔
완벽한 위장이다

꽃피는 인생을 놓아버리고
일찍 혼자 된 친구는
천지간에 외톨이라고 했다
천지간에 눈물이라고 했다

이 세상에 슬픔 아닌 것 있을까
물 위에 수북이 쌓인 낙엽도 눈물이고
벼랑처럼 절박한 골마다
붉은 단풍잎 제 가슴 후벼 파는 것도
눈물이다

내가 이곳까지 무거운 가슴 안고 와
명치끝을 단단히 누르고 있는 것도
슬픔이고
내 눈에 지워지지 않는 너의 분노도
슬픔이고
끝내 돌아오지 않을 발자국을 거두며
떠도는 고요도
오늘은 깊은 슬픔이다

환장할 슬픔이다.

사선대에서 비를 맞다

쏘가리 매운탕을 시켜놓고
소나기 지나가는 사선대에서
비를 맞는다

가만히 보니
선녀가 떠난 연못의 빗방울들은
수직으로 꽂히는 게 아니라
그리움을 끌어안은 채
와, 와 하늘로 오르는 것이었다

문득 잃어버린 날개옷이 생각났다
여보, 감춰둔 날개옷을 내 주셔요
아이 셋 낳기 전에
이미 폐경이 되어버린 나
죽을 때까지 하늘에 오르는
두레박을 타지 못할 당신

소나기가 지나가는 사선대에서
사랑을 앓는다.

실 연

물이 흘러간다
막힘이 없으면 어디든지 간다
힘이 넘치면 너를 버리고도 간다
탈출구가 아니어도
햇살이 바뀌지 않아도
그저 흘러가는 것이 목숨 거는 일
멈추면 죽는다

말랑말랑했던 날들의 보호구역 밖에서
내일 잃고 딱딱해진 너의 안쪽으로 흘러가
온통 사막인 가슴을 훑으리라
너도 흘러가라
멈추면 죽는다.

5.

하얀 피가 솟을 때마다
온갖 상처들은 저 홀로 흔적을 지웠다
이때만큼은 내게도 봄날이었다

달을 먹다

겨울 초입 바람 이는데
한 줌은 파 먹힌 달이
생전 처음 본 큰 달이
하늘에서 떨어질까 말까
빌딩 허리께에 걸쳐
꼼짝 못하고 있는데

깔깔한 목구멍으로
부라보콘을 베어 물듯
추락하는 저 달을
서걱서걱 파 먹어보는데

구두 뒷굽에 눌려
밖으로 나가지 못한 분노
어느새 점박이로 박혀 있는데
저 달을 계속 먹어, 말어?

맨땅을 걷는 동안은

언제나 넉넉했을 밥그릇을 잃고 집 나온 개들이 음식물 쓰레기를 뒤지며 희붐한 골목길을 끌고 간다. 그 뒤를 따르는 한 무리의 사람들 아침을 여는 길이 쉽지 않아 보인다. 헛짚은 발목 위로 떠오르는 해는 오늘도 헐거워진 그의 바지춤을 펄럭이게 할 테지만, 아무 일 없었던 듯 먹던 밥숟가락을 놓고 그리고 또 아무 일 없었던 듯 낡은 구두를 신고 수없이 앞구르기를 하며 그의 목을 조였을 어금니 사이로 따사로운 햇볕은 몇 번이나 쓰린 내장을 긁었을까? 허물을 보이지 않으려고 하염없이 구르고 굴러서 그 흔적마저 감춰버린 그의 헛웃음에는 어떤 아픔이 숨어 있을까? 오랜 습성을 익힌 생선가게의 비릿함 같은, 숱한 비늘을 긁어낸 뒤에야 내장을 드러냈을 그의 속을 들여다보면 쿨럭쿨럭 메이는 목울음이 들리는 듯하다. 곧 편안해질 내일은 헛딛지 않게 햇살 비추는 쪽 꼼꼼히 살피며 조금은 축축한 걸음걸이로 천천히 가는 그를 보면 좋겠다. 그도 맨땅을 걷는 동안은 느림의 미학을 맛보면 좋겠다.

하얀 목련

유난한 폭설이었다
차가운 평화
눈물 많은 슬픔은 썩지도 않아
보고 싶다거나 그립다거나
겨울 내내 앙다문 입으로
너무 많은 걸 씹었다

잇몸이 부었다
햇살이 부실수록
하늘이 가까울수록
부푼 잇몸에서 핏줄이 터졌다
하얀 피가 솟을 때마다
온갖 상처들은 저 홀로 흔적을 지웠다
이때만큼은 내게도 봄날이었다.

나 무

나무가 꺾였다

뒤틀리고 옹이 박힌

관절이 꺾였다

하늘 높다 버티던 뚝심이 풀어지고

삶은 초승달 돋는 밤처럼 적막했다

얼마나 많은 날을 짊어지고

얼마나 많은 바람을 향해

무릎을 구부렸다 폈던가

나무는 이제 이 세상에 없다

바람 든 관절은 움직임을 잃었고

푸름은 문을 닫았다

이름마저 사라졌다.

떠도는 환(幻) · 1
- 낙엽은 지고

고층빌딩 전망 좋은 방에선
아래가 없다
하늘만 있다

어느 날 문득 시린 하늘을 쫓아
아래를 내려다보았을 때
그 아득한 유혹
열두 소리 마당의 가락들이 징징 울리고
세상 인연 꼭꼭 묶은 매듭을 풀며
팔 뻗으면 닿을 듯한
그 아득한 유혹

좋은 날 하늘 푸르고
궂은 날 비 오고
마음이 빈 깡통처럼 전망 좋은 창을 흔들 때
밤배를 타고 가듯 가볍게 몸을 날렸다

푸른 날은 짧았다
꺾일 것 같지 않던 뻣뻣한 모가지도
바람을 타면 순간에 꺾인다
사랑을 남기고 가는 증표도 없이
하늘이 하얘져 세상 가질 게 없다면
날자! 날개 없이도 날 수 있다면 날자!

나 없는 어둠 속에서 그대여
부디 아픈 기억은 잊어주길
더 이상 울지 말길.

떠도는 환(幻) · 2
- 시간은 사랑을 돌려주지 않는다

여기저기 뜬 별이 머리 위에 가까웠으니
어느새 이렇게 먹어치웠나
생각 없이 시간을 뜯어먹으며
그리움도 없이 가을은 오고
가버린 사랑을 다시 불러올 수 없는 나무는
제 목 놓아 핏빛으로 울고

그 나무 그늘을 불빛 삼아
어둠을 끌어다 앉히는 포장마차는
시끌시끌한 사람 숲을 지나
분주했던 발자국소리마저 끊어 가는데
습관처럼 붙들려 시계만 들여다보던 그 남자
여자 냄새 사라진 집이 두려워 술로 시간을 푼다

세상에 혼자 남는 것은 바다가 쓸어간 뻘 같은 것
질펀한 사랑의 늪에 빠져
혼돈의 회로를 몇 굽이 돌고나면
세상 아무것도 아니라며 술이 술을 푼다
자정 넘긴 그 어깨에 떨어진 별이
되돌릴 수 없는 후회를 씻으러 왔다 한들
시간은 그리움을 돌려주지 않는다
한 번 떠난 사랑을 찾아주지 않는다

울음 섞인 가슴이 타들어가는 거대한 침묵
휘청거리는 안개 밭으로 떠난 여자의 입술이 또렷하다
다리가 풀어지고 그 남자
천지사방 어둠 속으로 아무 목적 없이 휘날려갔다.

떠도는 환(幻)·3
- 바다는 말이 없다

쇳덩이가 쪼개지듯
곳곳에서 땅이 갈라지고
완벽하지 못한 세상이 무너지면
순식간에 배도 그렇게 된다

가라앉는 배에서도 나라를 지키는
욕심이 과하거나 부족해서
끓어오르는 분노가 맥을 못 추는
봄날을 붙들고
젊은 병사를 바다에다 몸을 묻었다

그리움이 깊어질수록
살아 있는 것들은 그토록 몸서리가 쳐지고
꽃샘추위는 붉은 신호등처럼
죽음의 수위를 높였다

그래도 바다여
떠나보낼 사람들의 땅을 치는 울음은 절절해서
사랑한다는 말 한 마디 못한 가슴이 절절해
단 하루만이라도 천천히
숨 고르기를 해 주시길

……

곧 슬픔으로 깜깜해질 내일이 두려워서
오래도록 나는
두꺼비집을 붙들고 있었다.

떠도는 환(幻) · 4
- 수평선 한 점 입에 넣다

만추의 바다에서 갓 건져 올린 주꾸미는
힘도 세다
하루가 동강나도 꿈틀거리는
저 오기!

한 때 먼 나라 사막에서도
이렇듯 한 젊음 생목 잘려 갔으니
바다가 품은 독기는 빛이 난다

초고추장에 찍은
수평선 한 점을 입에 넣는다
경계를 쌓는 물비늘
바다가 나를 씹어 먹듯
가을도 실종되었다.

떠도는 환(幻) · 5
- 네가 있어 어여쁜 사랑

슬픈 데도 눈물이 나지 않을 때가 있다
무슨 청신호처럼 곪은 상처가 터지면
그 다음은 행복인가
평야를 흘러가는 만경강 끝이 보이지 않는 들판에
첫사랑 품은 하늘만 덩그러니 얹혀 있다

가을걷이 끝난 나락 밑동마다
우글거리던 가난
배고픈 기억의 허기 속에서
자욱한 별똥별의 상처가 아직도 쓰리다

네가 있어 미친 듯 그리움과 분노를 사랑했고
슬픈 데도 나지 않는 눈물로 아이를 낳았고
그 상처 곪아 터질 때 기다리며
쌀은 밥이 되고
밥은 눈물이 되던 사랑

들판에 잘 묶여진 볏단이 흰 옷 입은 백성 같다
오늘은 당신도 그 안의 한 백성
슬픔에 길들여진 마음이 짠하다.

떠도는 환(幻) · 6
- 고로쇠나무

둘둘 말아 넣은 햇살과

오월의 봄날을 댕강 잘라

엄청난 수액이 빠져나갔을 때

가슴에 둔 마지막 삶의 보루마저 허물어뜨린 나무

바짝 마른 몸 안에서

더 이상 달달한 수액은 흘러내리지 않았다

성난 사람들

푸른 광장을 가득 메우며

일제히 촛불을 들었다.

떠도는 환(幻)·7
- 월정역

요지부동
오래도록 나는 이곳에 있었다
겨울바람 곤두선 바늘 끝들이 살을 꿰듯
철책선을 꿰차고 끝도 없는 지평으로 달아나도
몸 밖을 나서지 못하는 슬픔으로
우두커니 그냥 서 있었다

살 다 발라낸
생선가시처럼 뼈만 앙상했다
날마다 풍화되는 비와 바람의 상승작용으로
햇살 한 번 걷힐 때마다
우르르 삭신이 녹아내리곤 했다
그날 무수히 사라져가던 사람들의 목마른 아우성과 눈물
내가 들을 수 있는 고막의 마지막 역할이었다
거기서 역사는 끝나버렸다

잊었다 떠오르는 상실의 반세기를
반도의 소용돌이 지도 위에 놓여 있었다
그것이 한계였다
쇠바퀴의 굉음과
덜커덩거리던 철로들의 소음도 푸르게 채색되는
6월은 기다리지 않아도 온다
삶의 목적지였으므로
마비된 하반신의 앉은뱅이 역사가
북녘의 하늘과 조우하는 푸르른 하늘은
언제 보아도 서늘하다

그 하늘 밑에 놓인 기억들에게
고철덩어리에 얹힌 기억의 마디들에게
붉은 피를 풀어놓고
새로운 생성을 거부하는 플랫폼의 그늘진 상처들은
저마다 부서진 몸들을 최대한 움직여
서서히 역사 밖으로 사라져 간다
갑자기 텅 비어 세상이 있고도 없는 듯하다.

떠도는 환(幻) · 8
- 뉴스 속보

욕망을 짊어진 꿈자리가
모래 폭풍으로 휘몰아치는 사이
수시로 바다에 별이 떨어졌다
너무 멀리 걸어갔던 하늘이
세계의 평화를 부풀리는 동안
별들만 깜빡깜빡 가슴을 가로질러 갔다

지금 세계를 주무르는 건 분노다
이빨을 문 죽음이다
희망은 탈진하고
총구를 거둘 하느님은 어디에도 없다
전송되지 않은 소문으로 피 묻은 손을 닦고
점점 상실의 늪이 되어 가는 사람들
두려움을 잊으려고 밤새 술을 마신다

먼 바다 어느 곳에 떨어진 별을 끼고
혀들은 서로 말을 아꼈다
그래도 따스한 볕을 사방에 뿌리며
대화만이 살 길이라고
끊임없이 평화의 깃발을 흔들어 보지만
겁에 질린 휴전선은 묵묵부답
하늘만 눈 시리게 푸르다.

떠드는 환(幻) · 9
- 철책선

예전에도 우리 적이었던가
밤을 꼬박 지켜 너를 적이라 불러야 했던가
몸이 함께 하자 해도 머리가 말을 듣지 않는
몸도 머리도 선뜻 나서지 못하는
생각의 중심에
오늘도 단단한 선이 그어진다
가깝고도 먼 반도의 허리가 잘룩하다

언제 걷힐까
산짐승 소리도 비켜 가는 철책
내 생각 머리 몸 한군데도
저쪽에 들여놓지 못하는,
네 생각과 머리와 몸 한군데도
쉽게 이쪽으로 넘어오지 못하는,

까만 밤 별이 머리 위에

'톡'

떨어진다

철책선이

'출렁'

제 자리에서 긴장한다.

떠도는 환(幻) · 10
- 만남은 그리움을 지운다

오래된 만남은 눈물부터 앞선다
속눈썹이 깊어지도록 어린 기억에 갇혀
한 번 넘어지면 희미할까봐 닦고 또 닦고
주인을 닮아 강아지도 눈물이 깊었다

푸르디푸른 핏줄이 발목을 이끌었다
나 태어나던 그 집
알을 깐 껍질처럼 찌그러지고 깨졌어도
나 문 열고 들어설 수 있는 그 집
살아 당도한 눈물이 그리움을 지운다

오직 만나기 위해 날을 지우고, 거듭 지우고
그 무거운 눈물이 우릴 붙들어
한 역사를 만드는 날
아비도 세상 뜨고 어미도 세상 뜬

쓰라린 목 줄기로
비껴간 세월의 푸른 등고선이 보였다

서로 껴안은 냉이꽃처럼
이젠
잡풀 속에 잠들어도 노엽지 않으리라
오래된 그리움을 풀고
깊은 눈물이 우릴 보듬듯
곧 습습한 공기의 세계가 두꺼워지기에.

세상 밖에서 오는 비

세상 안에서 혹은 세상 밖에서
아무 생각 없이 의무적으로 비가 온다
수많은 희망을 안고 잠자는 것부터
잠들지 못하는 것까지, 그리고 죽은 것까지
출발부터 꽉 찬 곳에서 텅 빈 종점까지
그늘진 의식을 파랗게 덮으며 온다

이윽고 보이지 않던 세상이
앉을 자리 다 내어주고 허공에 선다
내키지 않는 속앓음 보일 땐
파도 같은 두려움을 주어도
돌계단을 오르는 밤꽃들의 열을 지나
손과 발이 감전된 것처럼 푸르게 선다

몇 번의 접속 끝에 투명해지도록
내 밋밋한 의식에 균열을 일으켜

젖어야 보이는 세상 쪽으로
메아리를 남기듯 세상 밖으로
낡은 덧문을 과감히 밀쳐 내는 빗방울

사랑은 그렇게 내가 먼저 젖는 것
내가 먼저 문을 열어 주는 것
오늘도 비 내린다.

섬에 노을이 내리면

사람보다 갈매기가 살맛나는 섬
그곳에 노을이 내리는 때는
술빛도 붉다
붉은 술에 둥둥 떠서
섬도 노을이 된다
더 이상 떠밀릴 곳이 없어
자신을 갉아 먹은 바위
하루 한 때는 취해야 사는 바다
비웠다 채워 넣은 시간만큼
돌아보니 남은 시간이 너무 짧다

죽음처럼 견디기 어려운 게
아름다운 삶이라고
온몸에 술을 들이붓고
사람들은 숨통을 향해
술렁술렁 걸음을 옮긴다

속까지 꺼멓게 탄 하늘을 반쯤 내리자
섧게 살다간 생의 흔적들
사랑했던 사람들이 군데군데 끼어 있다
슬프고도 보고 싶다.

그 여자의 집

고목 쓰러지듯 그 여자가 쓰러졌다
집을 비운 채 그 여자는 무덤 같은 요양원에 집을 얻었다
희미하게 들어오는 창호지 빛을 받으며 달력은 2011년에
멈춰 있다
뽀얗게 닦아서 댓돌에 가지런히 놓았을 주인 잃은 고무신
은 툇마루 밑에 아무렇게 던져져 있고 금성 골드스타 로
타리식 텔레비전과 아버지 튼튼한 발로 밟아주면 갸르릉
갸르릉 대면서 보리와 벼의 낟알을 털어내던 탈곡기는 처
마 밑에 뽀얀 먼지를 쓰고 있다
집으로 들어오는 작은 길로 그 여자는 밤마실도 다니고
함박을 이고 들로 논으로 새참을 내다 나르셨을 게다
그 골목 어귀에 어린 아이들 오르내리는 것을 넉넉하게
받아주며 빈 집의 역사와 함께 자랐을 감나무는 집의 크
기보다 더 크게 몸을 불렸다
메주콩을 삶고 쇠죽을 끓였을 가마솥은 녹슨 지 오래고
보기에도 푸근한 배불뚝이 단지 안에는 그 여자가 끼니때

마다 퍼냈을 간장이 바닥을 드러내고 있다
그 여자가 있어 윤기 흐르고 따뜻한 온기 흘렀을 집, 그
여자가 지키지 않은 빈 집은 그 여자가 죽음으로 가는 길
처럼 낡고 초라하게 허물어져 간다
그 여자가 놓고 간 지팡이며 휠체어
사람 냄새 사라진 집
식구들 웃음소리 끊긴 집이 그 여자의 삶이었다
그 여자의 한 평생이었다
지금 그 집이 비었다
엄마가 없다.